L'ART DU BIEN-JOUER

À LA

ROULETTE.

Afin que le Public ne soit pas exposé à acheter des contrefaçons dans lesquelles l'inexactitude des calculs et des tables pour l'application du système enseigné aurait de faux résultats, on prévient que chaque exemplaire, dont deux ont été déposés à la Bibliothèque du Roi, est signé des lettres initiales du nom de l'auteur, accompagnées de son cachet, et qu'il poursuivra les contrefacteurs conformément aux lois.

IMPRIMERIE DE CHAIGNIEAU JEUNE,
Rue Saint-André-des-Arcs, n° 42.

L'ART DU BIEN-JOUER A LA
ROULETTE,

OU

PRINCIPES et ANALYSE des CHANCES,
De leurs Périodes, Retards et Retours;

INDIQUANT

LA MATURITÉ ET LA LIMITE
De chacune en particulier;

ACCOMPAGNÉES

DES INSTRUCTIONS ET DES RÈGLES
POUR LES ATTAQUER
Sur-le-champ et *avec succès*,

SUIVIES

DE TABLES DE MISES
Appropriées à chaque nature de chance

TERMINÉES

Par de NOUVELLES CARTES A MARQUER,
Au moyen desquelles on peut, d'un coup-d'œil, *connaître et juger la situation du Jeu* SUR TOUTES LES FACES DE COMBINAISONS.

Par M. CH., anc. off. du G****,
Auteur-Éditeur.

Le hasard, ce grand mot, ce pompeux personnage,
Étant par lui si peu, n'agit pas davantage;
Bizarre dans ses faits, favorable parfois,
L'art seul peut en trouver et les tours et les lois.
CH.

3 fr., avec les planches, et 3 fr. 50 c. pour les départemens, franc de port.

A PARIS,

CHEZ M. CHAMOIS, quai de la Mégisserie, N° 22, à la Boule d'or, au premier, au-dessus de l'entresol;
Et chez les principaux marchands de nouveautés.

1817.

AVANT-PROPOS.

Dès ma jeunesse, les sciences physiques et mathématiques fixèrent mon attention, et les expériences que j'en faisais n'avaient d'attrait pour moi qu'autant qu'elles produisaient des effets extraordinaires dont j'essayais à découvrir les causes : ce goût naissant s'accrut et se fortifia avec l'âge.

Je fus guidé dans mes études par un protecteur lieutenant-colonel d'un corps militaire distingué, dans lequel l'étendue de ses connaissances lui méritait une haute réputation : c'était un excellent officier sous tous les rapports.

Plusieurs années s'écoulèrent sous les yeux de ce chef qui, content de mes progrès et de mon goût pour les armes, me prit en affection, et pour mieux m'attacher à lui, prépara mon instruction de manière à pouvoir me présenter à l'examen, et me proposer dans son corps, où je fus admis au commencement de la révolution. Mon entrée en campagne suivit immédiatement ma nomination.

C'est alors que, lancé d'un cabinet paisible

dans un camp tumultueux, j'eus à plier mes habitudes à ce nouveau genre de vie; l'effort ne fut pas grand, parce que les scènes que ma position me mettait à portée de voir piquèrent ma curiosité, donnèrent de l'essor à mon imagination et me conduisirent à faire des recherches que je tournai d'abord vers les combinaisons et les chances auxquelles la guerre donne lieu. Il ne me manquait pas de matériaux pour ce travail, mais le temps dont je pouvais disposer ne me suffisait pas, et le champ me parut encore trop vaste pour oser l'entreprendre.

D'autres essais analogues à mes dispositions furent l'objet de mes études passagères et souvent interrompues, jusqu'au moment où les circonstances m'attachèrent particulièrement à l'étude des jeux de hasard.

Les quartiers d'hiver et les suspensions d'hostilités permettant aux officiers de se livrer aux amusemens qui leur conviennent, je remarquai que les jeux tiennent le premier rang. Je profitai en conséquence de cette occasion, et je suivis de préférence ce genre de récréation. Je les fréquentai, non dans l'intention de jouer, mais pour observer les effets du hasard, dans l'espoir de découvrir quelques règles.

Je commençai par annoter régulièrement tous les coups, et me créai une méthode pour classer avec ordre toutes les combinaisons suivant leurs diverses formes, et en même-temps pour rendre mon travail plus facile. J'en faisais ensuite le dépouillement pour en connaître les périodes et le terme moyen, ainsi que les limites, tant ordinaires qu'extraordinaires, et afin de pouvoir établir une base d'après laquelle je déterminerais une analyse.

Je m'associai pour cette opération de quelques camarades intelligens, sur l'exactitude desquels je pouvais compter. Nous recueillîmes plus de cent mille coups de jeu, qui n'eurent d'autre interruption que celle des séances.

Je voulus m'aider dans mon pénible travail en cherchant des lumières dans les opuscules qui traitent de semblables sujets, mais je m'aperçus bientôt de la fausseté de leurs systêmes qui, n'étant établis sur aucun principe positif, m'auraient infailliblement plongé dans le chaos dont je commençais déja à sortir

Seul, et sans autre guide que l'expérience que j'avais déjà acquise, je continuai mon travail en dépit des difficultés nombreuses que je rencontrai. La paix venant de se conclure, et après avoir partagé, pendant plusieurs campagnes, les dangers et la gloire des armées françaises, je me retirai du service, et je me fixai à Paris.

Mes loisirs et les moyens que me procurait cette capitale réveillèrent mes premiers goûts, et me portèrent à reprendre mon travail sur les jeux de hasard auxquels je me livrai avec une nouvelle ardeur. Plusieurs ouvrages, d'ailleurs bien écrits, qui étaient en opposition avec l'idée que je m'étais formée des principes de ces jeux, me tombèrent dans les mains; ils me firent faire à la vérité de sérieuses réflexions, mais ils ne parvinrent pas à me convaincre ni à me faire changer d'opinion : je persévérai dans mes opérations; mais il me parut utile de renouveler mes épreuves sur les lieux, et d'employer tout le temps nécessaire pour me donner une masse de révolutions afin de compléter mes expériences.

Je surmontai la répugnance que j'avais à me mettre en évidence dans ces maisons où l'oisiveté et la cupidité forment les élémens de son existence, et où l'homme vertueux trouve les moyens de séductions propres à lui faire contracter des habitudes qui ne conviennent qu'à de certaines classes de la société.

Les notes et les observations nombreuses que je recueillis jetèrent un si grand trait de lumière sur les connaissances antérieurement acquises, que je fus conduit naturellement à donner à mon traité toute la perfection dont il me parut susceptible, et de prendre *sur le fait*, ce que vulgairement on appelle *hasard.*

J'y étais en outre encouragé par l'intime conviction où j'étais, que mon système, dont je faisais journellement l'épreuve, et dont je tirai plus tard un parti avantageux, reposait sur des principes certains et incontestables.

On pourra reconnaître dans l'analyse que je présente, le résultat évident d'un long et pénible travail, et d'une collection immense de matériaux qui ont servi à l'établir.

En le publiant, je ne prétends pas vouloir ruiner des établissemens qui ont été jugés nécessaires, et qui sont d'ailleurs autorisés. Dans tous les cas, il restera assez de faux spéculateurs et assez de brûlots pour leur continuer le degré d'opulence dont ils jouissent. Une légère saignée faite de temps à autre pourra même leur être salutaire, parce que le gain des joueurs méthodiques servira d'appât à cette foule qui ignore la science *du bien-jouer*, et n'attribuera qu'à un heureux hasard ce que de bons principes et une conduite prudente ont pu seules produire.

Sentant la nécessité d'éviter tout argument scientifique, toute démonstration superflue ou oiseuse, je me suis borné dans ce petit traité à ne donner que les développemens nécessaires et indispensables pour mettre le lecteur à même de connaître les bases sur lesquelles j'ai fondé mes principes. Pour en faire la juste application et aider son intelligence, j'ai divisé mon ouvrage en autant de chapitres que la nature des objets qu'il traite l'exigeait, afin de le conduire plus facilement et plus promptement à la connaissance parfaite de mon système ainsi que des règles qui en dérivent.

L'ART DU BIEN-JOUER

A LA

ROULETTE.

CHAPITRE PREMIER.

Réflexions sur les Jeux de hasard.

Si les jeux de hasard sont réputés dangereux, c'est que les joueurs ne savent pas se gouverner, ou emploient des moyens qui, au lieu de les favoriser, ne font qu'accélérer leur chûte.

S'ils s'abandonnaient, machinalement, au cours naturel de la chance qu'ils ont entreprise, la compensation rétablirait leur position dans son état primitif : la perte égalerait le gain.

L'on pourrait cependant se convaincre, sans de profondes méditations, que le banquier d'un jeu de hasard, où il n'y aurait pas de réserve en sa faveur, serait plus exposé que le joueur ; car celui-ci pouvant quitter le jeu en cas de gain, ou le suspendre en cas de perte, qui peut observer la révolution pour la reprendre au retour présumable de la chance récalcitrante, a incontestablement un avantage sur son adversaire; c'est une vérité si claire qu'on entreprendrait en vain de la réfuter.

Il n'en est pas ainsi des jeux où il y a privilége en faveur de la banque, comme les refaits, zéros, etc. Quoique le même principe existe dans ces derniers aussi bien que dans les précédens, les gains éprouvent des prélèvemens partiels, pendant que les pertes tombent intégralement dans le gouffre du tapis vert. Le joueur, une fois en arrière, ne parvient plus à se couvrir par des gains intermittens, à moins d'un coup inattendu, et improbable; et plus il s'opiniâtre, plus il court à sa perte ou augmente sa disgrace.

Le jeu de la Roulette présente cet inconvénient; les zéros dévorent généralement en peu de temps le bénéfice obtenu ou empêchent de l'obtenir. Ils sont encore dans une proportion plus désavantageuse pour les combinaisons des numéros du tableau, ce qui ne paraît pas plus juste. Ainsi, le nombre des perdans doit être plus fort que celui des gagnans, ou, ce qui revient au même, la somme des bénéfices réunis des joueurs doit être inférieure à celle des pertes, puisque pour constituer l'avantage du banquier, il faut retrancher du gain et ajouter à la perte dans un rapport relatif à la rapidité et à la durée de la circulation qui, étant toujours continue, ne fera trouver en dernier résultat que des perdans.

On sait que la Roulette et les autres jeux publics, procurent des bénéfices considérables au détriment des joueurs, puisque, par les avantages qu'ils en tirent, se trouvent assurés et payés, locations, bois, lumière, entretien de toute espèce, droits, etc., salaire de nombreux employés, agens, gardes et servans; et malgré l'énormité de ces dépenses, tant de nécessité que de luxe, les entrepreneurs y font encore des fortunes colossales, qui s'étendent, et qui se renouvellent en faveur de tous leurs successeurs. Mais, si déjà les zéros ne suffisaient pas pour opérer des résultats si étonnans, la conduite des joueurs y ajouterait encore prodigieusement par les fautes qu'ils commettent et par leur manque de tactique. La majeure partie d'entre eux s'écarte toujours de la vraie route qu'ils devraient tenir, soit par avidité ou par passion. Les plus heureux finissent par reperdre l'argent qu'ils ont gagné, tandis que les autres, dont le nombre est bien plus grand, sont décavés de tout ce qu'ils ont apporté; si ce n'est du jour même, c'est du lendemain. L'ignorance d'une bonne méthode, mais ordinairement l'opiniâtreté produisent ces malheureux effets.

Si par l'irréflexion ou par l'éblouissement de l'or qui est étalé aux yeux des joueurs, ceux - ci s'en vont la bourse vide, il en est une certaine classe qui se précipite encore plus profondément dans l'abyme; ce sont les demi - savans, qui veulent créer des marches, qui s'attachent aux effets qu'ils ont remarqués dans quelques parties de séance, qui tourmentent une couple de cartes piquées, et qui croient avoir trouvé par-là une méthode certaine, *infaillible* pour gagner.

Un joueur de ce genre peut à peine attendre l'heure de l'ouverture des jeux. Il jette avec une risible assurance sa pièce sur le tapis; le coup manque, il double et redouble, il veut forcer le retour de sa chance; mais toutes ses mises vont se réunir aux monceaux qui entourent le cylindre. Il soupire, mais il ne désespère point de réparer, le lendemain, ce malheur. C'est la fatalité qui m'a poursuivi aujourd'hui, se dit-il; mais ma marche est bonne. Malheureusement, le lendemain, une petite rentrée l'amorce de nouveau et retrempe son courage et son espoir : alors aucun effort ne lui coûte, il couvre le tapis de ses pièces, et laisse à peine de la place pour distinguer les numéros ; l'on dirait que les écus qui sont dans sa main l'embarrassent, il reperd tout ; enfin il revient à la maison tout comme il y était revenu la veille. Dans l'aveugle confiance de regagner, au moins, l'argent perdu, il fait des sacrifices, il subit encore le même sort que les jours précédens, jusqu'au point qu'il se voit réduit au dernier dénuement. Loin de déplorer son ignorance et son entêtement, il regrette de n'avoir plus de ressource pour tenter de nouveau la fortune, qui lui serait encore infidèle.

D'autres joueurs ont la bonhomie de croire que tel numéro a tel satellite qui ne le quitte pas, que telle transversalle est régulièrement favorable, etc. Ils raisonnent sur la sympathie de certaines chances résultant de la division des numéros dans le cylindre ; ils observent la manière dont chaque tailleur a l'habitude de lancer la petite boule ; enfin il n'y a pas d'absurdités et de puérilités que beaucoup de joueurs, d'ailleurs, gens de bon sens, n'inventent pour se tromper eux-mêmes et leurs crédules auditeurs.

Mais, ils ne savent donc pas, ou ne veulent pas savoir, que tous les numéros, que toutes les couleurs et faces de combinaison, sans la plus légère exception, ont leur apparition, leur absence et leur retour ; que toutes s'épuisent après avoir fourni au-delà de la proportion, et que toutes réparent leur paresse passée ; enfin, qu'aucune d'elles n'est favorisée que pour le moment, et s'il y a anticipation d'une part, il y a retenue de l'autre, et compensation par-tout.

Que l'on se donne la peine de compter les noirs et les rouges, les pairs et impairs, etc., les transversalles, les colonnes, pendant un certain temps, comme nous avons eu la constance de le faire, et l'on aura la certitude qu'il règne dans leurs cours un accord parfait qui étonnera l'homme ordinaire, mais qui paraîtra tout naturel, forcé même, à l'observateur éclairé, parce que celui-ci connaît les lois auxquelles les jeux de hasard sont inséparablement liés.

CHAPITRE II.

Quels sont les avantages des Pontes sur la Banque.

Si la banque possède l'avantage des coups réservés, il s'en faut de beaucoup qu'elle n'ait de fortes entraves et qu'elle puisse résister aux coups que le ponte peut lui porter. En effet, étant passible et permanente, et ne pouvant prescrire aucune règle de conduite aux joueurs, elle est encore réduite à une défensive trop uniforme et bornée pour la garantir des revers qu'une attaque bien dirigée peut lui faire essuyer.

Le joueur réfléchi, a la faculté d'attendre les momens propices pour découvrir un faible quelconque; il peut se mettre en mesure et choisir ses points et moyens de surprise; il n'est tenu de commencer son jeu qu'au moment de la maturité de la chance restée absente; il peut planer sur toute la surface du jeu pour le suivre dans tous ses détours et toutes ses révolutions; enfin il est à même de connaître la situation de tout le jeu.

Un joueur attentif et intelligent, sait saisir le premier vide qui se présente; soit dans une chance, soit dans une autre, il peut graduer ses mises, et rien ne l'empêche de se retirer en cas de gain. La banque, au contraire, ne peut exiger de revanche, ni contraindre le ponte de continuer; tout murmure à ce sujet lui est même interdit.

Les zéros sont sans doute d'une considération majeure; mais nous avons des preuves qu'ils ne sont pas un si grand sujet de crainte pour le joueur sage et méthodique, qui sait apprécier les moyens qu'il a contre eux, et qui sait tirer tout le parti de sa prérogative. Il parvient non-seulement à les neutraliser, mais encore à obtenir de l'avance sur les périodes et à ramener le retour des chances en sa faveur. Nous avons long-temps fréquenté le jeu, moins comme joueurs que comme observateurs; nous avons eu le loisir de voir ses bizarreries de toute espèce, et de suivre ses révolutions dans toutes ses phases. Nous avons acquis la conviction, et il nous est démontré, qu'un joueur qui posséderait les qualités morales que nous lui recommandons dans le cours de ce traité, et qui suivrait rigoureusement les règles que nous lui donnons, la banque ne ferait pas tant de brillantes affaires, ce joueur lui deviendrait redoutable, et cela avec d'autant plus de raison, que si une association puissante s'avisait de monter une contre-partie, fermement soutenue, froidement exécutée, elle contrebalancerait les avantages de cet établissement, et lui prouverait par le fait tout le pouvoir d'une bonne combinaison.

Mais, en général, les personnes qui fréquentent les maisons de jeu n'ont pas l'habitude d'une application studieuse. Elles n'ont aucune notion des principes ou n'en ont que d'imparfaites; elles s'engagent à l'aventure dans des jeux faciles où le prestige tient lieu de règles; elles manquent de modération et de discernement; comment, avec des défauts semblables, le jeu pourrait-il leur être favorable ?

Ces joueurs, empressés de se mettre en action, s'aveuglent sur tout évènement qui pourrait détruire leur espoir; ils se laissent aller au hasard, jusqu'à ce que leurs moyens trop peu ménagés, et audacieusement prodigués, s'épuisent et les empêchent d'arriver à un dénouement décisif et favorable; alors, stupéfaits du contre-temps, ils s'en prennent à leur mauvaise étoile, pendant que c'est l'effet de leur ignorance et de leur cupidité.

L'ambition et la passion ont presque toujours fait reperdre les avantages que les combinaisons les plus heureuses avaient procurés, et ont de plus conduit le joueur immodéré à la plus fâcheuse situation : ces fautes, sur lesquelles les banquiers comptent beaucoup plus que sur les zéros, leur sont du plus grand rapport, ainsi que nous l'avons déjà dit plus haut.

Nous ne saurions trop répéter que le joueur qui ne prend pas pour première règle de conduite le calme et la prudence, court à sa ruine, et malgré toute l'intelligence et toute la connaissance qu'il pourrait avoir d'une bonne méthode, on ne doit point supposer qu'il la suive avec exactitude.

Dans le nombre, cependant, il s'en trouve qui ont un caractère tout opposé à celui des premiers que nous avons dépeints avec des couleurs bien défavorables, il est vrai; mais, si tous les mauvais joueurs n'ont pas ces vices réunis, plusieurs pourront se reconnaître dans le tableau que nous en avons fait. Mais nous disons aussi qu'il y en a de fort bons, ceux-ci font un bénéfice constant au jeu; d'autres ajoutent par ce moyen à leur revenu annuel; quelques-uns enfin n'ont pas d'autre existence depuis plusieurs années qu'ils ne font que jouer, et vivent bien.

Comment font-ils? Ils sont froids, fixent autant que possible le bénéfice qu'ils ont à faire dans le cours d'une séance, et savent se borner; ils savent que chaque coup de gain est un pas vers la perte; ils ne se laissent pas séduire et n'ont pas la prétention de faire sauter la banque, ils la ménagent même dans leur intérêt et la considèrent comme une bonne vache à lait qu'il faut laisser pâturer paisiblement dans un pré gras, pour en obtenir un aliment assuré.

Les banquiers connaissent bien ces joueurs; mais, ne pouvant pas empêcher de se voir soutirer aussi régulièrement une portion de leur produit journalier, les supportent dans le silence et se dédommagent de cette distraction par les étourderies des autres joueurs.

Nous en connaissons qui possèdent l'art de bien jouer, sans avoir de principes; c'est un don qui leur est naturel. Ils n'ont pas de système fixe, mais ils observent les coups et les diverses périodes; ils ont une mémoire heureuse, un tact local. Ils ont particulièrement la qualité précieuse de savoir se posséder; pourquoi alors des gens exempts de passions, pourvus d'intelligence et de connaissances exactes, ne pourraient-ils pas réduire en méthode ce que pratiquent ceux-là par pure routine, et en obtenir le même succès?

On voit souvent des évènemens qu'on attribue au hasard, jusqu'au moment où les recherches d'un observateur pénétrant en ait découvert les causes, et ait établi des principes d'après lesquels les effets les plus surprenans en apparence, sont reconnus par lui assujétis à des règles.

CHAPITRE III.

De l'usage de la carte à marquer.

Le grand et inappréciable avantage de cette carte, est de voir d'un coup-d'œil tout ce qui passe au jeu, d'embrasser l'ensemble des combinaisons sur toutes leurs faces possibles et d'en apercevoir à l'instant les côtés faibles et attaquables; de saisir leur retard et leur degré de maturité, et d'avoir la faculté, si dans le même temps plusieurs chances étaient arrivées à leurs limites, d'attendre qu'elles fussent réduites à un moindre nombre, et de gagner par-là une avance d'autant sur les dernières restant en retard.

Nous allons expliquer cette carte et donner les moyens de l'employer sur les lieux : elle est divisée en quatre parties, savoir :

PREMIÈRE PARTIE.

La Table des numéros sortans.

A, B, C. Trois colonnes, contenant chacune trente-huit cases, dans lesquelles on inscrit les numéros, au fur et à mesure de leur sortie.

N. Colonne de numéros d'ordre sur lesquels on doit se régler pour le pointage suivant.

a, b, c. Trois colonnes, dont les cases servent à pointer d'un petit trait le numéro sortant ; ce N° serait par ex. 28 : après l'avoir inscrit à son tour et à sa place dans une des colonnes A, B, C, on le pointe de suite dans la case qui lui correspond, en regard du N° 28 de la colonne N.

La colonne A étant remplie de numéros, et conséquemment celle a, étant pointée, on opère de même pour celle B et b, ainsi que pour C et c.

On a subdivisé les cases des colonnes a, b, c, afin de séparer le pointage des dix-neuf premières sorties, des dix-neuf suivantes.

X. La colonne de l'âge des numéros, lorsque les colonnes A, B, C, donc celles a, b, c, seront, après cent quatorze tirages, à leur fin, on reconnaîtra par le vide du pointage les numéros restés absens.

On y remarquera encore ceux qui auront paru rarement, ou qui sont les plus anciens Enfin, on apercevra par les lacunes que laissera le pointage, les transversales en général qui seront restées absentes, ainsi que les numéros en plein. On portera une marque vis-à-vis le vide qu'elles auront laissé, pour les attaquer lors de leur arrivée à leur maturité, ou les reconnaître si le retard se prolonge à la deuxième carte. On aura soin d'y inscrire l'âge des numéros les plus anciens, qui, par suite, pourront devenir susceptibles d'être joués.

Les règles à cet effet seront données plus loin.

DEUXIÈME PARTIE.

Le Tableau figuré.

Après qu'un numéro sorti aura été inscrit dans une des colonnes A, B, C, et pointé dans une de celle a, b, c, on passera de suite au tableau figuré pour le pointer dans le carré et au-dessous de son N° correspondant.

On commencera à remplir l'intervalle de la bordure du carré à la ligne ponctuée, qui sert pour trente-huit tirages; dont moitié d'un côté, et moitié de l'autre parallèlement.

La ligne ponctuée et celle qui suit, contiendront le pointage des trente-huit tirages suivans; enfin l'espace ménagé entre cette ligne et la bordure, qui est à la droite du carré, est destiné aux trente-huit derniers tirages.

Cette opération est, après celle de la première partie, la plus importante, et mérite toute l'attention du joueur. Il en résulte l'avantage d'apercevoir et de juger, d'un regard, toute la situation du jeu; aucune chance faible ou tardive ne peut échapper à l'œil, telles que les numéros en plein, deux numéros qui se jouent à cheval, les carrés, les transversalles, les colonnes, ainsi que les combinaisons en général.

Si plusieurs chances présentaient alors un côté faible, et qu'on ne voulût pas les attaquer en même-temps, on pourra, pour les réduire à deux, même à une seule, attendre le nombre de sorties nécessaires et l'attaquer; cette mesure serait d'autant plus profitable, qu'on aurait gagné des coups au-delà de la maturité; ce qui rapprocherait le coup décisif, et rendrait le gain de celle-là plus probable.

TROISIÈME PARTIE.

Les colonnes et les divisions.

Pour rendre l'effet du tableau, à l'égard

des colonnes 1, 2, 3, et des divisions P, M, D, plus sensible, nous en avons formé deux tableaux séparés, dont les colonnes doivent être successivement pointées à l'instar des parties précédentes.

Chaque division transversalle de ces tableaux doit contenir deux pointages, l'un sur la ligne, et l'autre entre deux lignes.

Par ce moyen, on distinguera facilement l'effet des coups, afin de saisir le moment opportun, soit pour entreprendre une colonne contre deux, ou deux contre une.

L'on pourra y jouer à masse égale lorsque sur trente-huit coups, une des colonnes ou des divisions aura moins de quatre points de sortie, ou bien en jouer deux contre celle qui aurait marqué une prépondérance disproportionnée à l'égard des deux autres.

QUATRIÈME PARTIE.

Cette partie consiste en deux tables : la première est pour les chances simples, qui sont, noir et rouge, pair et impair, passe et manque ; la deuxième est pour les mêmes chances, mais combinées, comme noir, pair et passe, rouge, impair et manque, noir, impair et passe, etc., dont les signes qui sont en tête des colonnes indiquent l'objet.

Ces chances simples ou combinées seront marquées d'une manière semblable à ce qui a été enseigné dans la troisième partie, c'est-à-dire pour les colonnes ou les divisions; et si sur trente-huit coups une des chances a obtenu moins du tiers que la proportion entre elles lui assigne, l'on pourra la jouer à masse égale.

C'est de l'exactitude que l'on apportera dans le pointage de ces quatre parties de la carte à marquer, que dépend tout le succès de l'application de notre système, dont on trouvera les règles dans les chapitres V et VI.

Quant à la forme de la carte, nous avons médité long-temps avant de l'arrêter telle que nous la présentons. Les unes, fort utiles d'ailleurs, eussent été trop étendues, incommodes et eussent exigé une attention fatigante; d'autres plus simples n'auraient contenu qu'imparfaitement les indications dont on a besoin pour juger des coups dans tout leur ensemble.

Nous avons fait usage de cette carte sur les lieux, et en avons reconnu la supériorité sur les précédentes.

L'intervalle d'un tour de Roulette à un

autre, donnera suffisamment de temps pour remplir les divers cadres; mais l'exercice et l'habitude contribueront beaucoup à rendre son emploi facile.

Si le joueur voulait se borner à ne marquer que les parties qui lui conviendraient, il le pourrait sans le moindre inconvénient.

Mais il serait nécessaire qu'on fût deux personnes ; l'une ne ferait qu'inscrire et suivre les coups, prescrire le jeu et les mises, pendant que l'autre placerait les masses et veillerait à l'argent.

AVIS.

Comme le nombre des cartes à marquer qui font suite à ce traité ne peuvent durer que l'espace de trois cent quarante-deux coups, on prévient qu'on peut s'en procurer séparément au dépôt indiqué au bas du titre.

CHAPITRE IV.

Principes sur les limites des chances.

L'APPLICATION à une immense masse de coups que nous avons recueillis avec autant de persévérance que d'exactitude, où toute prévention et amour-propre ont été exclus, nous a évidemment prouvé, depuis vingt ans, que le cours des numéros et des chances, sans exception, est périodique, qu'un régulateur invisible le gouverne, et compense avec impartialité ce que les caprices du moment ont pu produire d'irrégulier; qu'enfin la plus grande harmonie règne dans leur tout.

Pénétré autant que convaincu de ce principe immuable, nos recherches ultérieures se dirigèrent vers les termes où l'excursion des chances s'arrête; et, c'est ainsi que nous avons été conduit à la connaissance des limites tant ordinaires qu'extraordinaires; c'est-à-dire au point qu'elles n'ont pas encore dépassé.

Comme il est constant qu'il existe entre ces limites un terme moyen autour duquel les révolutions se font, il ne l'est pas moins que si chaque chance a ses retards, elle a aussi ses retours, et qu'en outre elle concourt dans une exacte proportion, dans ses apparitions, avec celle qui lui est opposée, ou avec celles dont elle fait partie.

Les relevés des numéros des loteries, qui ont été faits depuis le jour de leur création jusqu'à l'instant où l'on s'occupait de ce dépouillement, viennent à l'appui de cette assertion. Nous avons reconnu que le numéro le plus favorable n'a jamais dépassé d'un quart le plus ingrat, et cela dans une période susceptible d'être jouée et poussée; mais les gains de ce jeu n'étant pas en rapport avec les mises, toute spéculation fondée sur les meilleurs principes échouerait, puisque la première perte que l'on éprouverait ne pourrait plus être couverte que par l'effet d'un coup inattendu et contraire au calcul des probabilités; car en gagnant plus de lots que le rétablissement de l'équilibre exigerait, on ne ferait encore que grossir sa perte.

Le jeu de la Roulette, où les zéros ne sont pas dans une proportion si accablante à beaucoup près, est bien plus susceptible d'être joué avec espoir de bénéfice; il est en outre plus régulier par sa forme, par l'impulsion qu'il reçoit, et par son mouvement de rotation uniforme et non interrompu pendant la durée d'une séance.

Les diverses chances que la Roulette produit ont des périodes que nous avons rangées en trois classes, qui sont : les rapprochées, les moyennes et les éloignées. Les deux premières ont leurs fluctuations plus inégales et plus tortueuses que les dernières, et les zéros exerceraient, sur un jeu qu'on y baserait, une influence bien plus maligne que sur celui qui aurait un terrain moins circonscrit. Dans les périodes poussées au-delà de leur rayon ordinaire, une force motrice tend toujours à faire refluer les chances égarées vers le centre commun, et à rétablir l'équilibre ; chaque retard augmente encore la tension de l'arc jusqu'au moment où il se brise et se précipite dans un cercle d'autant plus resserré que le précédent était étendu ; alors la chance, rentrée dans ses premières bornes, redouble sa marche et compense son absence trop prolongée, par des apparitions plus fréquentes.

On ne saurait combattre ce système, ni soutenir qu'une chance pourrait très-bien rester en arrière pendant un temps indéterminable, à moins de la comparer à une comète qui, après avoir paru, se perd dans l'immensité. Si une chance pouvait éprouver le même sort, ce serait nécessairement l'effet d'un obstacle qu'on ne doit point supposer.

Mais nous osons au contraire la comparer à une pompe aspirante dont le jet ne saurait dépasser la limite qui la met en équilibre avec la colonne d'air; à un fluide, enfin, qui, en se dilatant, peut s'élever jusqu'à une certaine région, pour retomber sur l'élément avec lequel il a son affinité.

L'effet serait plus fort que la cause, et dans les jeux de hasard, qui sont tous rigoureusement subordonnés aux lois du calcul, et où règne une harmonie parfaite, ce serait supposer la possibilité d'une subversion dans leur ordre.

Ainsi, la crainte que l'on pourrait avoir que le retard d'une chance se prolongeât au-delà des limites dans lesquelles nous établissons notre système de jeu, ne serait pas plus raisonnable, à moins cependant, qu'une *cause étrangère* ne dérangeât le mouvement aléatoire dont nous ne pouvons être garans.

Nous croyons devoir ajouter un mot sur ce qu'on appelle hasard. Que le lecteur sache, que le hasard n'est rien, qu'il ne peut rien, que c'est un grand mot, mais vide de sens; que le hasard est incapable d'action, et qu'il n'existe que dans les cerveaux de ceux qui personifient cet être imaginaire, en lui attribuant des effets parce qu'ils n'en connaissent pas les causes, ou qu'il est au-dessus d'eux de les approfondir.

Rentrons en matière, et disons que, c'est dans les périodes éloignées que nous nous sommes fixés. Nous avons reconnu qu'on ne peut se renfermer avec sûreté dans ce cercle étroit et divergent des révolutions ordinaires; c'est dans la sphère des observations concentriques que nous avons établi notre système où l'effet des zéros est sans force, même neutralisé, en raison du nombre de coups qu'on aura à jouer et de l'avance qu'on se sera réservée sur le retour de la chance arriérée. Nos recherches avaient donc pour objet d'asseoir des limites assez rapprochées pour rendre notre méthode praticable et efficace.

Que les joueurs trop impatiens se rassurent, ils auront souvent, et même dans de bien courtes séances, occasion de jouer, si ce n'est sur une chance, ce sera sur une autre; ils verront toujours quelques flancs à découvert pour y porter des coups avec succès, s'ils les dirigent avec mesure.

Ainsi, entre trop de confiance et de témérité pour s'abandonner, sans réflexion, à la possibilité de réussir, ou entre des précautions poussées à un scrupule outré, il y a un milieu à prendre ; c'est ce qui a été l'objet de notre constante sollicitude.

Nos recherches nous ayant fait découvrir les limites que les chances les plus récalcitrantes ne franchissent jamais, et celles dans lesquelles on peut sans crainte encadrer son jeu, nous en avons formé deux tables que l'on trouvera ci-après ; elles donnent à connaître, savoir :

1°. Le terme de maturité majeur ;

2°. Le nombre de coups à jouer après ce terme ;

3°. Le terme utile jusqu'où les mises s'étendent ;

4°. Le maximun des retards possibles qui, étant trop rares, ne peuvent détruire la balance du bénéfice obtenu.

TABLES DES LIMITES

DE TOUTES LES CHANCES DE LA ROULETTE.

Nature des chances	Maturité majeure.	Coups à jouer.	Termes utiles.	Maximum des retards.
d'une { Colonne 1. 2. 3. / Division P. M. D.	23	10	33	39
de 2 dito,	16	8	24	30
d'une Transversale de 6,	45	18	63	76
de 2 dito de 6,	30	15	45	58
d'un carré de 4,	69	24	93	112
de 2 dito,	45	20	75	94
d'une transversale de 3,	90	30	120	146
de 2 dito,	60	24	84	110
de 2 numéros à cheval,	133	41	174	212
de 2 dito,	90	31	121	159
d'un numéro en plein,	228	62	290	347
de 2 dito,	181	45	226	283
de 3 dito,	133	35	168	225

CHAPITRE V.

Maturité et limites par nature des Chances.

Les limites que nous avons fixées, et que nous avons données dans le chapitre précédent, cadrent parfaitement avec les calculs; mais l'expérience nous a encore plus particulièrement prouvé qu'un jeu, basé sur les points de maturité que nous avons déterminés, est sans contredit supérieur à toute espèce de combinaison; que s'il était possible qu'un retard extrême eût lieu, il n'en pourrait résulter de perte assez grande pour exposer la bourse du joueur; mais sa prudence le garantira de tout sacrifice inutile au détriment de ses bénéfices antérieurs.

Le nombre de coups à jouer depuis le point de maturité jusqu'au dernier coup où les tables de mises s'étendent, est suffisant pour ramener la chance tardive.

Nous donnons dans la table, d'autre part, page 40, les trois degrés de maturité, et nous ferons connaître, ensuite, par quel moyen on doit y faire son choix, en raison de la situation des chances dans laquelle celle que l'on poursuit fait partie.

Cette table indique trois points de maturité, c'est-à-dire, qu'il faut laisser passer un certain nombre de coups avant de commencer de jouer.

Elle donne ensuite le nombre de coups à jouer, d'après l'échelle fixée dans les tables des mises; elle détermine, enfin, combien il faut laisser passer de coups lorsqu'on attaque une même chance sur deux points différens, et jusqu'où l'on doit pousser les mises.

Du premier abord on pourrait croire qu'une chance attaquée sur deux points en même-temps exigerait plus d'argent que sur une seule, mais on reconnaîtra bientôt qu'il n'existe pas de différence ; par exemple : une transversalle de 6, qui est portée à dix-huit coups, demande cent dix-huit masses, et deux de ces transversalles, lorsqu'on les joue en même-temps, sont portées chacune à quinze coups de soixante masses; ces deux masses réunies en forment une de cent vingt, en sorte que cette dernière masse diffère de huit de celle de cent douze ; mais c'est le terme le plus près auquel on a pu la pousser. On en trouvera dans les tables qui tombent justes par appoint. (Voyez la note à la marge de la troisième table des mises n° 3.)

Ces tables de mises sont précédées d'une autre table qui fera connaître les maturités, les termes utiles et le maximum des retards, auquel il est possible que les chances puissent prolonger leur absence.

TABLE DE MATURITÉ.

Numéro d'ordre.	Nature des chances.	Termes de maturité par chance			Nombre de coups à jouer pour poursuivre une chance sur		
		mineure.	moyenn.	majeure.	1 point.	2 points.	3 points.
1	1 col^{ne} 1. 2 3.	16	19	23	10		
2	1 div^{on} P. M. D.						
	2 col^{nes} ou div^{ons}	10	13	16	......	8 8	
3	1 transv^{lle} de 6	34	39	45	18		
	2 dito	22	26	30	......	15 15	
4	1 carré de 4	51	60	69	24		
	2 dito	34	39	45	......	20 20	
5	1 transv^{lle} de 3	64	76	90	30		
	2 dito	42	51	60	......	24 24	
6	2 n^{os} à cheval	100	115	133	41		
	2 dito	64	76	90	......	31 31	
7	1 n^{o} en plein	190	209	228	62		
	2 dito	143	162	181	......	45 45	
	3 dito	100	115	133	......	......	35 35 35

Sur le choix entre trois degrés de maturité.

Pour opter avec jugement entre les trois degrés de maturité, il importe de jeter un regard sur les séries antérieures, et d'examiner si celles qui ont précédé l'absence de la chance qu'on se dispose d'attaquer ne seraient pas sorties trop de fois, et n'auraient pas anticipé sur celles dont il s'agit ; car alors le nouveau retard ne pouvant être que compensateur, on ne pourra se dispenser d'attendre jusqu'au terme de la maturité majeure.

Si l'on est sur les lieux, depuis trop peu de temps, pour connaître ce qui s'y est passé précédemment, il sera prudent d'attendre également cette maturité majeure, et de ne commencer son jeu qu'à ce terme.

Dans le cas où la série précédente aurait eu des apparitions rares, ou des retards extraordinaires, la maturité mineure suffira.

Mais, si l'on a remarqué un milieu ou un doute entre les situations que nous venons de décrire, ou si elle ne s'est point écartée des proportions, on peut sans inconvénient, jouer dès la maturité moyenne.

CHAPITRE VI.

Régles à suivre pour attaquer les Chances.

LORSQU'ON sera bien pénétré des principes et des règles que nous enseignons, pour les mettre à exécution, on commencera à marquer fidèlement les coups sur sa carte, d'après la manière enseignée dans le chapitre 3. Alors on observera l'effet qu'aura produit sur les chances un certain nombre de coups. On portera son attention, particulièrement, sur la chance qui avance vers sa maturité, ayant égard à la situation précédente, ainsi que nous venons de le dire au chapitre 5. On préparera ses mises afin d'être prêt à l'attaquer lorsqu'elle aura continué à rester en arrière, en se conformant à ce qui sera plus particulièrement expliqué plus bas.

Pendant que l'on poursuit une chance, on continue d'inscrire et de pointer les coups sur *la carte à marquer*, afin de ne pas laisser échapper la première occasion qui se présentera dans cet intervalle pour en profiter; mais nous ne conseillons pas de poursuivre en même-temps plus de deux chances différentes, ou de poursuivre plus de deux semblables chances, à l'exception des numéros en plein dont on peut en jouer trois; car alors le jeu se trouverait trop compliqué, et l'on pourrait commettre des fautes qui ameneraient avec elles des conséquences fâcheuses.

En jouant en même-temps deux chances, si une d'entre elles sort, avant que l'autre ait atteint le point de maturité qu'une seule chance exige avant de l'attaquer, il faut suspendre son jeu, et attendre le moment qu'elle y soit arrivée. Nous rendrons cette explication plus claire par un exemple. Si l'on poursuit trois numéros en plein, qui seraient le 13, le 29 et le 31; après cent quinze coups de retard, (*terme de maturité moyenne*), et qu'au dixième coup, le 29 sorte, il restera donc encore le 13 et le 31 à sortir; il faut alors arrêter à l'instant même, puisque les cent quinze coups qu'on avait attendus en premier lieu, ne feraient, avec les dix autres coups, que cent vingt-cinq; or pour deux numéros en plein, il en faut cent soixante-deux d'après la table; donc on ne peut reprendre les deux numéros (13 et 31) qu'après trente-sept coups (si toutefois, ils ne sont pas arrivés pendant ce nouvel intervalle d'attente), s'il en sort encore un, on agira à son égard d'après le même principe, c'est-à-dire, on ne le jouera qu'après qu'il aura resté absent, pendant cent-quatre-vingt-un coups en tout.

Ce principe est applicable à toutes les chances.

En jouant en même-temps deux chances semblables, telles que deux transversalles, deux carrés, etc., si l'une sort avant que l'autre, considérée alors comme isolée, ait atteint son point de maturité, il faut suspendre son jeu et attendre que le retard prolongé de cette chance l'ait amené vers ce terme (*de maturité*) duquel seulement on peut partir pour jouer.

Quoiqu'on continue de marquer, étant en jeu, il ne faut pas entreprendre au-delà du nombre de chances que nous avons réduit à deux; l'avance qu'on y obtiendra, en attendant le moment propice, ne nuira pas.

Des chances qui peuvent être jouées à masse égale.

Ces chances sont, savoir :

1°. Les colonnes 1, 2, 3;

2°. Les divisions P. M. D;

3°. Les chances simples;

4°. Les chances combinées.

Lorsqu'après trente-huit sorties une de ces chances a paru moins du tiers de fois de ce qu'elle aurait dû paraître, on peut la jouer; mais il ne faut pas la continuer, au cas que la somme des rentrées laisse un bénéfice, et il faut s'arrêter avant que ses retours aient compensé entièrement les retards passés. Si pendant dix-neuf coups, malgré la rareté de la chance sur laquelle on a commencé de jouer elle occasionne des pertes par une absence prolongée, alors on double la mise; on pourrait même être obligé de la redoubler, parce que les chances étant obligées de compenser leur absence, elles ne pourront tarder à faire rentrer les déboursés avec bénéfice.

Quant aux chances combinées, on concevra aisément que s'il s'en trouvait plusieurs qui fussent, par leur infériorité en sortie, susceptibles d'être jouées, il faudra en exclure ce qui pourra s'y trouver de contradictoire; par exemple : si deux chances combinées étaient dans cette position, comme rouge, impair et passe, avec noir, impair et passe, on ne pourrait nécessairement jouer qu'impair et passe.

Le retour des chances, arrêté antérieurement, ayant ramené l'équilibre qui avait été suspendu, et produit le nombre de coups de gain qu'en exigeait la compensation, on ne doit pas chercher à l'augmenter, en continuant d'y jouer, puisque l'on aurait plus de motifs pour en espérer un nouveau.

CHAPITRE VII et dernier.

Des Mises.

Il y a plusieurs manières de faire des mises au jeu ; les principales sont : la masse égale, la martingale et la masse progressive. Il y en a encore d'autres qu'on appelle masse en avant, la martingale de Spa, etc. ; elles varient suivant l'idée du joueur.

La masse égale est la plus usitée, et peut être employée utilement aux chances simples, aux chances combinées, aux colonnes et aux divisions, ainsi que nous l'avons expliqué dans le chapitre précédent.

Elle est encore fort productive, lorsqu'on joue deux colonnes ou deux divisions contre une.

Il y a des jeux auxquels une martingale poussée à deux, trois, et même à quatre coups peut convenir ; nous l'avons rejetée comme désavantageuse. Mais les martingales qui vont au-delà sont toujours dangereuses. Un bon joueur n'adopte point ce mode ; car il est rare que par des rentrées partielles, quoique assurées, on parvienne à gagner l'équivalent d'un saut, qui enlève souvent dès le premier moment le dernier écu du martingaleur, et qui ne lui laisse plus ensuite le moyen de réparer sa perte. Les zéros y exercent en outre une influence directe et trop funeste.

Les mises par progression, pour lesquelles nous avons dressé des tables, sont les plus avantageuses, sur-tout lorsqu'on ne les commence qu'au coup de maturité; elles ont une grande étendue, et sont proportionnées au nombre de coups qu'une chance peut prolonger son retard. La première sortie donne un bénéfice qui varie selon son ordre de sortie; et en suivant la progression de nos tables, on a l'espoir d'obtenir un gain d'autant plus fort qu'on aura été obligé de pousser son jeu. Les gains qui s'y cumulent en peu de temps peuvent même supporter un saut; mais ce sont des évènemens fort extraordinaires et qui ne sont pas dans l'ordre des choses comme le sont ceux qui résultent de la martingale.

On trouvera à la suite de cet ouvrage les tables de mises appropriées à chaque chance. Nous y avons réglé le nombre de coups sur le retour probable de celle que l'on poursuit.

Il arrivera fort rarement que l'on soit reculé aux derniers coups, et dans un cas semblable on serait dédommagé de son inquiétude par un bénéfice supérieur à celui qu'on aurait obtenu par un retour plus rapproché.

Si les tables servent à diriger le joueur dans ses mises, elles lui rendent en même-temps compte de sa situation, du résultat de ses déboursés et rentrées, et cela à chaque coup.

Nous avons eu soin de répéter aux titres des tables de mises, les trois degrés de maturité qu'exige la chance, et nous y avons encore indiqué jusqu'à quel nombre de coups il faudra pousser une chance lorsqu'on l'attaque sur deux points.

Pour faciliter au joueur qui sera déjà pénétré des principes et des règles enseignées dans notre méthode, et lui donner les moyens d'en faire usage au jeu sans qu'il soit obligé d'avoir ce traité sous les yeux, qui doit être un objet d'étude exclusif dans sa maison, nous le prévenons que les tables et les *cartes à marquer* lui suffiront pour régler son jeu sur les lieux. Il finira bientôt par les connaître si bien qu'il n'aura plus besoin que de la carte. Il arrivera alors par son intelligence et son aptitude, par sa conduite sage et méthodique, par l'habitude et l'exercice, à posséder le talent qui constitüe le véritable art du Bien-Jouer.

CONCLUSION.

Les antagonistes du traité que je publie ne se borneront sans doute pas à en entreprendre la critique; ils lanceront contre lui les traits envenimés de la satire et du ridicule. Je m'y attends, car c'est le sort qu'éprouvent ceux qui établissent des nouveaux systêmes. La prévention contre l'objet auquel je l'applique contribuera encore puissamment à y jeter de la défaveur ; mais ces considérations sont trop faibles aux yeux de l'observateur impartial qui ne trouve jamais rien d'indigne de son attention. Les détracteurs, que les vérités les plus évidentes ne peuvent convaincre, prétendront sans doute que les principes que j'établis reposent sur des bases vicieuses, et que je cherche à abuser le public ?

Ces gens-là voient dans les jeux de hasard des effets si surprenans, si extraordinaires, que selon eux, il est impossible de connaître leurs révolutions, et encore bien moins de pouvoir établir des règles d'après lesquelles on puisse les déterminer. S'ils persistent à nier cette découverte, du moins seront-ils assez justes pour ne pas méconnaître les lois auxquelles ils se rapportent constamment et desquelles ils émanent. La compensation et l'équilibre dans les jeux de hasard ne sont pas de vaines théories ; la force centripède dans le mouvement auquel j'en fais l'application, ne peut également être contestée. L'expérience m'a confirmé ce que la physique et les mathématiques ont évidemment démontré. Il faudrait, pour soutenir le contraire, que les causes fussent subordonnés aux effets, ce qui serait absurde ; le moteur de toute chose donne l'impulsion et ne la reçoit pas.

Il est certain que la roulette, qui a fait l'objet de mes recherches, est, dans l'intérieur de ses révolutions, fort irrégulière, et que le retour périodique de ses chances n'est pas réglé comme une pendule, mais ses irrégularités n'altéreront pas le système dans lequel je me suis renfermé.

C'est donc avec une tactique quelconque et bien imparfaite encore que des joueurs de profession se font un revenu annuel de leur manière de jouer. Contesteront-ils cette vérité ? La moindre information dans les académies pourra les en convaincre.

Or, si au moyen d'une tactique qui varie suivant l'idée et le nombre des joueurs de l'espèce que je viens de désigner, ceux-ci gagnent régulièrement, ce n'est donc plus l'effet du hasard, mais bien celui d'une combinaison plus ou moins juste dans la manière de conduire leur jeu, de déterminer les chances et de les saisir à propos. Pourquoi alors des principes connus et les règles que j'en ai déduites, d'après mes propres expériences, n'auraient-ils pas le même avantage? Je l'ai obtenu; mais je dois le dire, la prudence et la modération me dirigèrent autant que mes connaissances; car, sans elles, les systêmes les mieux fondés, les spéculations les plus certaines deviendraient illusoires, si on ne les prenait pour première règle de sa conduite.

Mon ouvrage est loin d'être parfait, mais il pourra donner naissance à de nouvelles idées, et faire découvrir des moyens plus propres pour atteindre le but que je m'étais proposé.

Quelques moralistes sévères blâmeront l'objet de mon ouvrage; mais ils ne présenteront rien pour réformer le mal que j'ai cherché du moins à rendre supportable. Je sais que toute autre industrie et toute autre récréation devraient être préférées aux jeux de hasard ; mon intention est bien éloignée de vouloir flatter une passion qui est si funeste pour la plus grande partie des joueurs ; je ne forme pas le projet d'en multiplier le nombre, mais je puis désirer, sans dévier des devoirs de l'homme de bien et des convenances de l'homme honnête, qu'il y ait moins d'inégalité dans les résultats ; que le jeune homme, l'étranger, le père de famille qui par circonstance pourra se trouver au jeu, tout comme le joueur d'habitude, ne soient pas victimes de leur ignorance ou étourderie, ou bien de fausses combinaisons, dont ils se garantiront en prenant pour gouverne les préceptes que je leur donne. Ma devise est : *Jouez bien, ou ne jouez pas du tout.*

Celui alors qui ne se sentira pas la capacité de jouer d'après une bonne méthode, et qui se connaît assez pour ne pas savoir se maîtriser lorsqu'il se trouve dans une maison de jeu, reconnaîtra l'inutilité et le danger de la spéculation, et se déterminera, s'il a quelque prudence, à l'abandonner ; il cherchera dans sa famille des amusemens et des délassemens qui charmeront ses loisirs en augmentant son bonheur et sa félicité commune.

Heureux si ce résultat désirable était dû à mon ouvrage! mes vœux seraient exaucés, et, j'y ajouterai un plus grand prix qu'aux richesses que l'on est en droit d'attendre de ma méthode.

FIN.

TABLES

DES MISES PROGRESSIVES

POUR TOUTES LES CHANCES

DES NUMÉROS

DE LA ROULETTE,

POUR FAIRE SUITE

A L'ART DU BIEN-JOUER.

AVIS.

Comme ce traité, intitulé l'ART DU BIEN-JOUER, doit être particulièrement un objet d'étude à la maison, ces tables, qui en sont le résultat, suffiront pour en faire l'application sur les lieux, et seront d'ailleurs plus commodes, étant du même format que les *Cartes à marquer* auquelles on peut les joindre.

N°s 1 et 2.

POUR LES COLONNES 1, 2, 3, ET LES DIVISIONS P. M. D.

après 16, 19 ou 23 coups de retard.

Numéro d'ordre.	MASSES de mise à faire.	d'émission faite.	de gain du coup.	de bénéfice.
1	1	1	3	2
2	1	2	3	1
3	2	4	6	2
4	3	7	9	2
5	5	12	15	3
6	8	20	24	4
7	12	32	36	4
8	20	52	60	8
9	32	84	96	12
10	50	134	150	16

N. B.

Pour opter entre les 3 espèces de coups de retard, ou termes de maturité portés au titre des tables de mises, et avant de se mettre en action, il faut observer ce qui suit :

Lorsque, dans la série précédente à celle que l'on se propose d'attaquer, on aura recounu que la chance que l'on attend a paru trop de fois, on ne pourra se dispenser de l'attendre à son 3e degré de maturité.

Si dans cette même série qui a précédé, elle a eu des apparitions rares ou des retards extraordinaires, le 1er degré de maturité sera suffisant.

Enfin, si ses apparitions ou ses retards ont tenu le milieu entre les deux situations qu'on vient de désigner, on pourra partir du 2e degré.

Cette règle sur le choix entre les 3 termes de maturité, est applicable à toutes les chances.

Nº 3.

POUR LES TRANSVERSALLES DE 6, après 34, 39, ou 45 coups de retard.

Nota. Lorsque l'on joue en même-temps sur deux Transversalles de 6, on pousse les mises jusqu'à 15 coups chacune.

Numéro d'ordre.	MASSES			
	de mise à faire.	d'émission faite.	de gain du coup.	de bénéfice.
1	1	1	6	5
2	1	2	6	4
3	1	3	6	3
4	1	4	6	2
5	1	5	6	1
6	2	7	12	5
7	2	9	12	3
8	3	11	18	6
9	3	15	18	3
10	4	19	24	5
11	5	24	30	6
12	6	30	36	6
13	8	38	48	10
14	10	48	60	12
15	12	60	72	12
16	14	74	84	10
17	17	91	102	11
18	21	112	126	14

N. B.

Lorsqu'on poursuit une seule transversale de 6, on la pousse jusqu'au 18e coup qui est porté à 112 masses d'émission.

Si on joue 2 transversalles, elles exigent chacune 15 coups montant à 2 fois 60 ou à 120 masses, qui est le terme le plus rapproché des 112 masses pour 18 coups.

Cette règle sur le nombre de coups auquel on doit pousser ses mises, lorsqu'on attaque deux chances semblables, est applicable aux autres chances dont on présente des tables : il ne varie que par la quotité de coups dont l'indication est marquée en tête de chacune.

N° 4.

POUR QUATRE NUMÉROS EN CARRÉ,
après 51, 60 ou 69 coups de retard.

Nota. Lorsque l'on joue en même-temps 2 carrés de 4, on pousse les mises jusqu'au 14e coup.

Numéro d'ordre.	MASSES de mise à faire.	d'émission faite.	de gain du coup.	de bénéfice	Numéro d'ordre.	MASSES de mise à faire.	d'émission faite.	de gain du coup.	de bénéfice
1	1	1	9	8	13	4	23	36	13
2	1	2	9	7	14	4	27	36	9
3	1	3	9	6	15	4	31	36	5
4	1	4	9	5	16	5	36	45	9
5	1	5	9	4	17	6	42	54	12
6	1	6	9	3	18	6	48	54	6
7	1	7	9	2	19	7	55	63	8
8	2	9	18	9	20	8	63	72	9
9	2	11	18	7	21	9	72	81	9
10	2	13	18	5	22	11	83	99	16
11	2	15	18	3	23	13	96	117	21
12	4	19	36	17	24	16	112	144	32

N° 5.

POUR LES TRANSVERSALLES DE 3,
après 64, 76 ou 90 coups de retard.

Nota. Pour 2 Transversalles de 3, on pousse les mises jusqu'au 24e coup.

Numéro d'ordre.	MASSES				Numéro d'ordre.	MASSES			
	de mise à faire.	d'émission faite.	de gain du coup.	de bénéfice		de mise à faire.	d'émission faite.	de gain du coup.	de bénéfice
1	1	1	12	11	16	3	23	36	13
2	1	2	12	10	17	3	26	36	10
3	1	3	12	9	18	3	29	36	7
4	1	4	12	8	19	4	33	48	15
5	1	5	12	7	20	4	37	48	11
6	1	6	12	6	21	4	41	48	7
7	1	7	12	5	22	5	46	60	14
8	1	8	12	4	23	5	51	60	9
9	1	9	12	3	24	6	57	72	15
10	1	10	12	2	25	6	63	72	9
11	2	12	24	12	26	7	70	84	14
12	2	14	24	10	27	8	78	96	18
13	2	16	24	8	28	9	87	108	21
14	2	18	24	6	29	11	98	132	32
15	2	20	24	4	30	14	112	168	56

N° 6.

POUR DEUX NUMÉROS A CHEVAL,

après 100, 115 ou 133 coups de retard.

Nota. Pour jouer sur 2 Nos à cheval sur deux points séparés, on pousse les mises jusqu'au 31e coup.

Numéro d'ordre.	MASSES				Numéro d'ordre.	MASSES			
	de mise à faire.	d'émission faite.	de gain du coup.	de bénéfice		de mise à faire.	d'émission faite.	de gain du coup.	de bénéfice
1	1	1	18	17	22	2	29	36	7
2	1	2	18	16	23	2	31	36	5
3	1	3	18	15	24	2	33	36	3
4	1	4	18	14	25	3	36	54	18
5	1	5	18	13	26	3	39	54	15
6	1	6	18	12	27	3	42	54	12
7	1	7	18	11	28	3	45	54	9
8	1	8	18	10	29	3	48	54	6
9	1	9	18	9	30	4	52	72	20
10	1	10	18	8	31	4	56	72	16
11	1	11	18	7	32	4	60	72	12
12	1	12	18	6	33	4	64	72	8
13	1	13	18	5	34	5	69	90	21
14	1	14	18	4	35	5	74	90	16
15	1	15	18	2	36	5	79	90	11
16	2	17	36	19	37	6	85	108	23
17	2	19	36	17	38	6	91	108	17
18	2	21	36	15	39	6	97	108	11
19	2	23	36	13	40	7	104	126	22
20	2	25	36	11	41	8	112	144	32
21	2	27	36	9					

N° 7.

PROGRESSION DES MISES,

pour les N°s en plein, après 190, 209 ou 228 coups de retard.

Nota. Pour 2 N°s en plein, on pousse les mises jusqu'au 45e coup chacun ; et pour 3 dito en plein, on les pousse jusqu'au 35e coup.

Numéro d'ordre.	MASSES de mise a faire.	MASSES d'émission faite.	MASSES de gain du coup.	MASSES de bénéfice	Numéro d'ordre.	MASSES de mise à faire.	MASSES d'émission faite.	MASSES de gain du coup.	MASSES de bénéfice
1	1	1	36	35	32	1	32	36	4
2	1	2	36	34	33	2	34	72	38
3	1	3	36	33	34	2	36	72	36
4	1	4	36	32	35	2	38	72	34
5	1	5	36	31	36	2	40	72	32
6	1	6	36	30	37	2	42	72	30
7	1	7	36	29	38	2	44	72	28
8	1	8	36	28	39	2	46	72	26
9	1	9	36	27	40	2	48	72	24
10	1	10	36	26	41	2	50	72	22
11	1	11	36	25	42	2	52	72	20
12	1	12	36	24	43	2	54	72	18
13	1	13	36	23	44	2	56	72	16
14	1	14	36	22	45	2	58	72	14
15	1	15	36	21	46	2	60	72	12
16	1	16	36	20	47	2	62	72	10
17	1	17	36	19	48	2	64	72	8
18	1	18	36	18	49	3	67	108	41
19	1	19	36	17	50	3	70	108	38
20	1	20	36	16	51	3	73	108	35
21	1	21	36	15	52	3	76	108	32
22	1	22	36	14	53	3	79	108	29
23	1	23	36	13	54	3	82	108	26
24	1	24	36	12	55	3	85	108	23
25	1	25	36	11	56	3	88	108	20
26	1	26	36	10	57	3	91	108	17
27	1	27	36	9	58	4	95	144	49
28	1	28	36	8	59	4	99	144	45
29	1	29	36	7	60	5	104	180	76
30	1	30	36	6	61	5	109	180	71
31	1	31	36	5	62	6	115	216	101

TABLE DES CHAPITRES.

AVIS.

Les personnes qui voudraient se procurer à part des CARTES A MARQUER, en trouveront, à l'adresse indiquée, à 75 c. le cahier contenant cinq cartes ; on y trouvera aussi le cahier des Tables des limites et celles des mises, à 75 c.

ERRATA.

Je puis m'excuser des fautes échappées dans cet ouvrage, tant par la rapidité avec laquelle je l'ai fait, que par l'impossibilité de n'en pas commettre lorsqu'on expose un système, sinon nouveau, du moins très-différent de ceux qui ont paru jusqu'à ce jour. Il est difficile de ne pas être entraîné par la réminiscence à des erreurs involontaires que la réflexion a bientôt découvertes.

Si mon systême est goûté, je pourrai mettre la dernière main à sa perfection, et lui donner les développemens que mes lecteurs pourraient désirer.

Page 84, ligne 10, *Supprimez* divergent.

ligne 11, la sphère des aberrations concentriques, *lisez :* le cercle extérieur de maturité.

38, ligne 22, une de 120, *lisez :* ensemble 120.

ligne 23, cette dernière masse diffère, *lisez :* ces dernières masses diffèrent.

ligne 24, de celle de 112, *lisez :* de 112 qu'exige le dix-huitième coup pour une seule transversalle de 6.

89, ligne 1, d'une autre table qui fera connaitre, *lisez :* d'une note en tête, qui fera connaitre les maturités d'où il faudra partir. *Supprimez le reste.*

CARTE à MARQUER, pour les Chances du Jeu de la ROULETTE. Pour 114 Coups.

N°

1re Partie

Numéros sortans à inscrire A.	B.	C.	Série d'ordre N	Num. sortis à pointer a	b	c	Age des numér. X
			0				
			1				
			2				
			3				
			4				
			5				
			6				
			7				
			8				
			9				
			10				
			11				
			12				
			13				
			14				
			15				
			16				
			17				
			18				
			00				
			19				
			20				
			21				
			22				
			23				
			24				
			25				
			26				
			27				
			28				
			29				
			30				
			31				
			32				
			33				
			34				
			35				
			36				

2me Partie

Tableau figuré.

00	0	
1	2	3
4	5	6
7	8	9
10	11	12
13	14	15
16	17	18
19	20	21
22	23	24
25	26	27
28	29	30
31	32	33
34	35	36

DIVISIONS. P M D

1 2 3

COLONNES.

3me Partie.

Colonnes 1 | 2 | 3

Divisions P | M | D

4me Partie.

Chances simples. ● noir | ○ rouge | II pair | I impr. | ↑ passe | ✓ manq.

Chances combinées. 1 | 2 | 3 | 4 | 5 | 6 | 7 | 8

pour 38 Coups

pour 38 Coups

pour 38 Coups

N°

à 75c. le Cahier de 5 Cartes

en Dépôt chez Mr CHAMOIS
Quai Mégisserie, N° 22,
au 1er au dessus de l'Entresol.

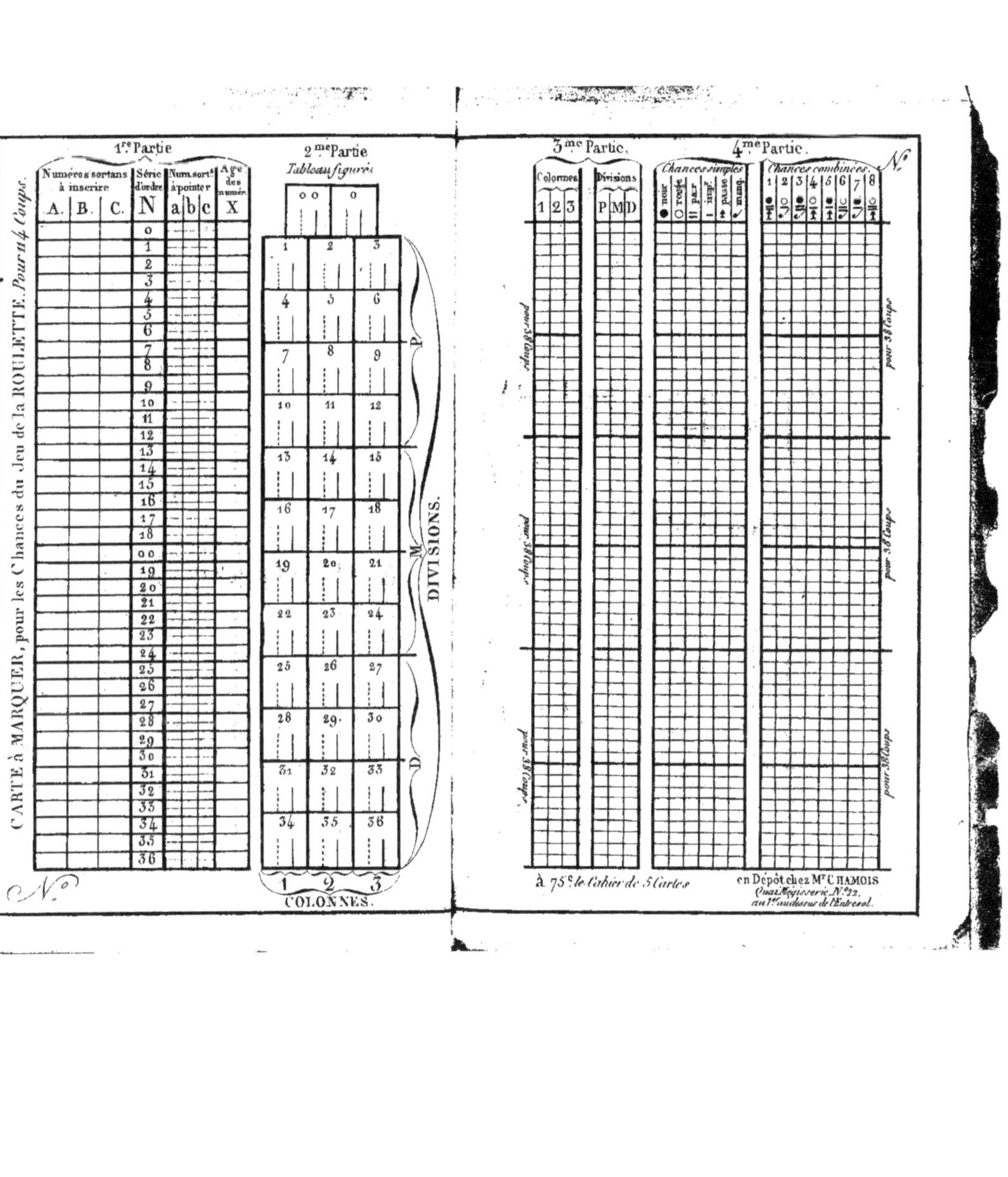

CARTE à MARQUER, pour les Chances du Jeu de la ROULETTE. *Pour 114 Coups.*

N.o

1re Partie

Numéros sortans à inscrire A.	B.	C.	Série d'ordre N	Num. sort.s à pointer a	b	c	Age des numér. X
			0				
			1				
			2				
			3				
			4				
			5				
			6				
			7				
			8				
			9				
			10				
			11				
			12				
			13				
			14				
			15				
			16				
			17				
			18				
			00				
			19				
			20				
			21				
			22				
			23				
			24				
			25				
			26				
			27				
			28				
			29				
			30				
			31				
			32				
			33				
			34				
			35				
			36				

2me Partie

Tableau figuré

00	0		
1	2	3	P
4	5	6	
7	8	9	
10	11	12	
13	14	15	M
16	17	18	
19	20	21	
22	23	24	
25	26	27	D
28	29	30	
31	32	33	
34	35	36	
1	2	3	

DIVISIONS.

COLONNES.

3me Partie.

Colonnes 1	2	3	Divisions P	M	D

4me Partie.

N.o

Chances simples: ● noir, ○ rouge, pair, impair, passe, manq.

Chances combinées: 1, 2, 3, 4, 5, 6, 7, 8

pour 38 Coups — *pour 38 Coups* — *pour 38 Coups*

à 75c. *le Cahier de 5 Cartes*

en Dépôt chez Mr CHAMOIS *Quai Mégisserie N.° 22, au 1er au dessus de l'Entresol.*

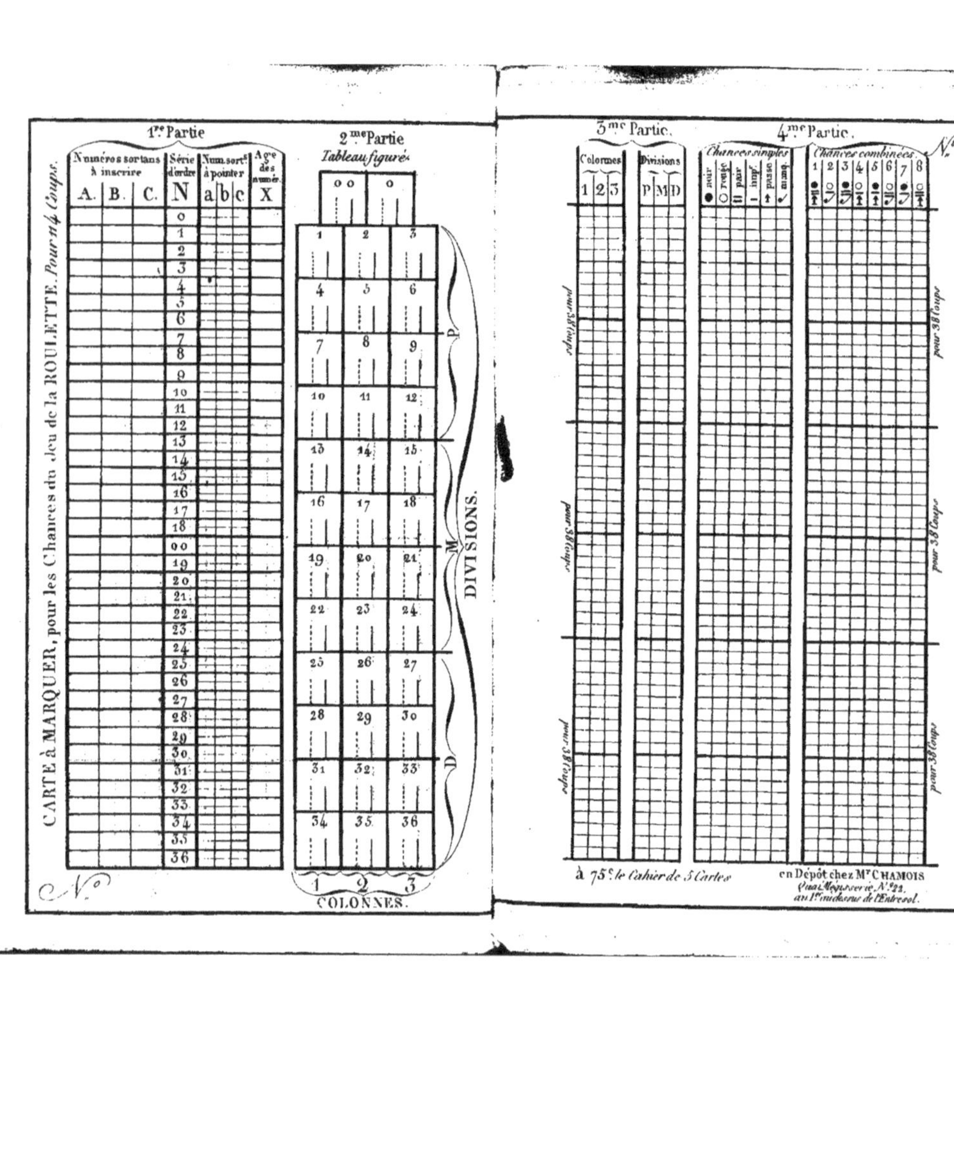
CARTE À MARQUER, pour les Chances du Jeu de la ROULETTE. Pour 114 Coups.
1re Partie
Numéros sortans à inscrire
A. B. C.
Série d'ordre
N
Num. sort. à pointer
a b c
Age des numér.
X
0 1 2 3 4 5 6 7 8 9 10 11 12 13 14 15 16 17 18 00 19 20 21 22 23 24 25 26 27 28 29 30 31 32 33 34 35 36
2me Partie
Tableau figuré
00 0
1 2 3 4 5 6 7 8 9 10 11 12 13 14 15 16 17 18 19 20 21 22 23 24 25 26 27 28 29 30 31 32 33 34 35 36
P
M
D
DIVISIONS.
1 2 3
COLONNES.
N°
3me Partie.
4me Partie.
Colonnes
1 2 3
Divisions
P M D
Chances simples
noir
rouge
pair
impr.
passe
manq.
Chances combinées.
1 2 3 4 5 6 7 8
pour 38 Coups
pour 38 Coups
pour 38 Coups
pour 38 Coups
pour 38 Coups
pour 38 Coups
N°
à 75c. le Cahier de 5 Cartes
en Dépôt chez Mr CHAMOIS
Quai Mégisserie, N° 22,
au 1er au dessus de l'Entresol.

www.ingramcontent.com/pod-product-compliance
Lightning Source LLC
LaVergne TN
LVHW050429160826
845677LV00002BA/616

9782329687216